¿Conoces las tortugas?

Traducción al español: José María Obregón

Rosen Classroom Books & Materials
New York

Las tortugas nacen de un huevo.

Las tortugas tienen un caparazón.

¡Las tortugas pueden ser
muy pequeñas!

¡Las tortugas pueden ser muy grandes!

Algunas tortugas viven en la tierra.

Algunas tortugas viven en el agua.

Palabras que debes saber

(el) caparazón

(la) tortuga